NOTICE BIOGRAPHIQUE

SUR

Mgr MABILE

ÉVÊQUE DE VERSAILLES

Videntes amaverunt ;
Audientes mirati sunt ;
Intelligentes venerati sunt.

Légende d'un portrait de Mgr Mabile, publié à Montauban.

—

EXTRAIT

DU

JOURNAL DE VERSAILLES ET DU DÉPARTEMENT DE SEINE-ET-OISE.

VERSAILLES

IMPRIMERIE DE CERF, ÉDITEUR,
Rue du Plessis, nᵒ 59.

1858

NOTICE BIOGRAPHIQUE

SUR

Mgr MABILE

ÉVÊQUE DE VERSAILLES

Videntes amaverunt ;
Audientes mirati sunt ;
Intelligentes venerati sunt.

Le successeur de Monseigneur Gros à l'é-
vêché de Versailles, Monseigneur de Saint-
Claude, appartient à cette brillante pléiade de
prêtres franc-comtois qui, depuis vingt-cinq
ans, s'est levée sur l'église de France dont elle
est à la fois une des vives lumières et des glo-
rieux ornements.

Parmi les étoiles de cette pléiade contemporaine, nous nommerons : M. l'abbé Receveur, ancien professeur de théologie à la Sorbonne, mort depuis peu ; M. l'abbé Blanc, auteur fort estimé d'une histoire de l'Église; Mgr Gaume, proto-notaire apostolique; MM. les abbés Barthélemy et Gainet, chanoines de Reims, auteurs, l'un d'une histoire de Jeanne d'Arc, l'autre d'études philosophiques sur les œuvres de M. Guizot; Mgr Guérin, évêque de Langres; Mgr Doney, évêque de Montauban, auteur d'un traité de philosophie; enfin Monseigneur Gousset, cardinal-archevêque de Reims, dont tous les théologiens et les jurisconsultes ont pu apprécier les savants et judicieux commentaires sur le Code civil dans ses rapports avec la religion.

Les apôtres de la ville libre de Besançon, saint Ferréol et saint Ferjeux, étaient deux jeunes Athéniens qui apportèrent dans la Franche-Comté le goût des lettres avec la foi chrétienne.

Le clergé franc-comtois n'a jamais menti à son attique origine ; tous ceux de ses membres qui ont illustré leur province natale et l'Église de France, ont été aussi des hommes érudits ou littéraires, depuis le cardinal de Granvelle, l'abbé Bullet (1), l'abbé Bergier (2), l'abbé Millot (3), etc., jusqu'au célèbre chanoine de Nevers qui, dans ces derniers temps, a tourné, avec tant d'éclat, contre les classiques grecs et latins l'éloquence qu'il leur a empruntée.

Monseigneur Mabile (Jean-Pierre) est né en 1800, à Burey, petit village du département du Doubs, sous le modeste toit d'un laboureur.

Enfant, il se faisait remarquer à l'école par son application; à l'église par sa pénétration aux catéchismes; et dans les relations sociales, par son amour pour les pauvres.

Sa jeunesse, comme celle du cardinal Gousset, se passa dans les travaux des champs.

C'est à dix-neuf ans seulement, qu'un de ses oncles, curé d'Aillevans, village de la Haute-Saône, frappé de son intelligence et de son vif désir de s'instruire, l'envoya au petit séminaire d'Ornans, où il ne mit que trois ans pour faire ses études littéraires. Il couronna ces études

---

(1) Auteur d'un dictionnaire celtique d'une grande érudition.

(2) Auteur des *Eléments primitifs des langues*, etc., et l'un des collaborateurs du *Dictionnaire encyclopédique.*

(3) Auteur des *Éléments d'histoire générale,* d'une *Histoire de France,* etc., membre de l'Académie française.

par une année de philosophie au séminaire d'Ecoles.

Monseigneur Mabile entra ensuite au grand séminaire de Besançon, où il s'acquit, en peu de temps, une telle réputation de savoir et de piété, qu'avant même d'avoir terminé sa théologie, il fut envoyé par le cardinal de Rohan comme professeur de philosophie au collége de Gray : c'était en 1829.

A la fin de cette année, il fut ordonné prêtre, puis rappelé à ,Besançon pour faire partie comme élève, du collége d'études transcendantes, que Mgr de Rohan, grâce à la munificence de Charles X, venait de fonder dans cette ville.

Quelque temps après, le cardinal chargeait l'abbé Mabile d'enseigner la philosophie aux élèves qui se destinaient au sacerdoce.

A cette époque, l'abbé Bautain étant venu à Besançon, et ayant pris connaissance d'une étude philosophique de l'abbé Mabile, en fut tellement frappé et en augura pour son auteur de si belles destinées littéraires, qu'il sollicita du cardinal la permission d'emmener avec lui le jeune philosophe. Monseigneur de Rohan consentit à laisser l'abbé Mabile partir pour Strasbourg, afin qu'il y complétât ses hautes études sous la direction du célèbre professeur,

Malgré toute sa perspicacité, l'habile maître n'avait pas pressenti peut-être toute la valeur du disciple nouveau qu'il venait de s'attacher.

La réputation de l'abbé Bautain avait attiré à Strasbourg, de divers diocèses, un certain nombre de jeunes prêtres qui s'étaient groupés autour de lui, en disciples enthousiastes. Cependant, il paraît que ses doctrines n'étaient pas toujours d'une irréprochable orthodoxie. Le philosophe, à son insu, déteignait parfois sur le théologien. L'abbé Mabile ne tarda pas à s'apercevoir des erreurs du professeur. Mais il hésita d'abord à les combattre publiquement. Cependant, son amour de la vérité triompha à la fin des répugnances de son cœur à attaquer la doctrine d'un maître aimé. *Amicus Plato, sed magis amica veritas,* l'esprit droit et indépendant de l'abbé Mabile eût pu inventer pour lui-même cette ancienne et magnifique sentence.

Une polémique assez vive, mais toujours chrétienne et amicale s'engagea. L'autorité diocésaine attentive à cette lutte philosophico-théologique intervint, donna raison au disciple et prononça contre les doctrines du maître une condamnation, devant laquelle l'abbé Bautain et ses disciples firent une soumission sans réserve.

Rentré dans son diocèse à la suite de cette polémique qui avait fait autant d'honneur à son talent qu'à son jugement, l'abbé Mabile fut envoyé à Gray comme vicaire. Il n'y demeura que six mois, au bout desquels il fut nommé directeur et maître de conférences au petit séminaire de Luxeuil.

Après avoir passé quatre ans dans cette maison où il ajouta aux fatigues de l'enseignement les fatigues plus grandes des longues veilles consacrées à l'étude, il fut en 1837, nommé curé de canton à Villersexel, dans la Haute-Saône. Il demeura six ans dans cette paroisse, où il a laissé de tels regrets, que le temps qui détruit tout, n'a pas encore pu, au bout de plus de quinze ans, en affaiblir la vivacité.

En 1844, Monseigneur Doney, évêque de Montauban, voulant associer aux pénibles travaux de l'épiscopat un autre lui-même, appela près de lui l'abbé Mabile, son ancien élève et son ami. Il le nomma en même temps grand-vicaire de sa cathédrale, supérieur du grand-séminaire de Montauban, et directeur de plusieurs maisons religieuses de cette ville.

Malgré la multiplicité de ses occupations, et quoiqu'il se trouvât mêlé aux plus importantes affaires du diocèse, l'abbé Mabile trouvait encore le temps d'aller prêcher diverses stations d'Avent et de Carême, dans les principales villes du diocèse.

Après huit années d'un grand vicariat, extrêmement laborieux, pendant lequel il s'était acquis l'estime, la vénération et l'amour de tout le monde, l'abbé Mabile désigné pour l'épiscopat par les plus éminents d'entre les évêques, fut appelé, en 1851, au siége de Saint-Claude, dans le Jura. Sa consécration eut lieu au milieu d'une pompe et d'une foule extraordinaire dans l'église cathédrale de Montauban.

Son départ fut un deuil général pour le diocèse, et surtout pour la ville de Montauban. Riches et pauvres, prêtres et laïques, protestants et catholiques, dévots et mondains, tous le pleurèrent comme l'incarnation de la bonté, de la charité, de la tolérance, de toutes les vertus chrétiennes, auxquelles se joignaient en lui les éminentes qualités du penseur et du philosophe, la science du théologien, le talent de l'orateur et de l'écrivain, avec la simplicité et la modestie qui en rehaussent l'éclat.

Une lettre de Montauban, signée d'un des noms les plus honorables et les plus connus de cette ville, nous dit :

« Le souvenir de Monseigneur Mabile vivra, dans ce diocèse, de génération en génération ; son nom y sera béni d'âge en âge ; l'expression de nos regrets sera toujours au-dessous de la vérité. Le cœur de Monseigneur Mabile est le foyer d'une charité infinie, c'est le portrait du cœur de Jésus-Christ. »

Les sentiments d'admiration et d'affection profondes que Monseigneur Mabile avait inspirés à chacun en particulier, firent explosion dans les journaux du pays. L'un d'eux disait :

« Exprimer la vivacité des regrets que Monseigneur Mabile emporte et la profondeur du souvenir qu'il laisse dans notre pays, c'est chose impossible.

» Monseigneur Mabile est une de ces natures rares et complètes où le Créateur a versé, comme à pleines mains, les dons les plus variés, les qualités les plus précieuses ; intelligence, esprit de modération, jugement, charité, modestie, douceur, zèle ; toutes ces choses s'harmonisent en lui et se prêtent mutuellement secours dans la poursuite du même but : la réalisation du bien.

» N'avons-nous pas entendu sa parole de conviction et de feu ? ne l'avons-nous pas vu à la tête de toutes les œuvres qui ont pour objet le soulagement des pauvres, l'éducation des enfants ? Malgré ses fonctions comme vicaire-général, ne savait-il pas trouver du temps pour exercer son zèle, visiter les malades, consoler les affligés, encourager et soutenir les faibles? Oh! oui, le prêtre qui se conduit de la sorte a un pouvoir immense ; il peut tout oser, tout faire, rien ne lui résiste.

» Pontife vénéré, vous allez nous quitter avec peine ; nous n'en doutons pas. Vous nous étiez attaché, et l'ambition n'a point touché votre cœur. »

L'épiscopat en faisant Monseigneur Mabile plus grand devant l'Eglise et devant le monde, ne pouvait, comme on le voit, le rendre plus grand par les vertus. Aussi tel il s'était montré au diócèse de Montauban, tel on l'a vu dans le diocèse de Saint-Claude, où il va laisser les mêmes profonds regrets.

Le souverain Pontife avait entendu le retentissant concert d'éloges qui lui arrivait de ce côté du Jura et des Alpes sur Monseigneur de Saint-Claude, aussi le nomma-t-il prélat romain et assistant au trône pontifical. Le gouvernement français, voulant également récompenser l'admirable dévouement dont Monseigneur Mabile a fait preuve pendant le dernier choléra, l'a nommé chevalier de la Légion d'honneur.

Le nouvel évêque de Versailles a exercé le ministère sacerdotal dans les positions les plus diverses. Il a vu les difficultés de la mission du prêtre comme vicaire et comme curé, comme professeur, comme supérieur de séminaire, comme directeur de maisons religieuses, comme vicaire-général, comme évêque; il a l'expérience des hommes et des choses, la science, le talent, les vertus, tout en un mot ce qu'on peut désirer dans un grand dignitaire de l'Eglise dans les temps difficiles où nous vivons.

Aussi la nomination de Monseigneur de Saint-Claude à l'évêché de Versailles honore-t-elle ceux qui ont attiré sur lui l'attention du gouvernement ; car Monseigneur Mabile, qui est un théologien éminent, un ferme soutien du dogme catholique, une des colonnes de l'Eglise, est, avant tout, une nature exceptionnellement sensible, douce, religieuse, aimante, une âme *fénelonienne*, en un mot, qui sera parmi nous comme le génie de la conciliation. Consulté par le pouvoir, nous sommes sûr qu'il en sera l'un des plus évangéliques, des plus indépendants, et, par conséquent, des meilleurs conseillers : nous espérons aussi qu'il en sera un des conseillers les plus écoutés.

Il y aurait peu de perspicacité à prévoir que Monseigneur Mabile ne s'arrêtera pas sur cet

échelon déjà si haut de la hiérarchie ecclésias-
tique, où l'a élevé son seul mérite personnel,
aussi ne doutons-nous point qu'il n'illustre un
jour la pourpre romaine.

Nous avons voulu dans cette courte notice,
laissée à dessein incomplète,—car Monseigneur
de Versailles va bientôt se révéler à nous tel qu'il
est, par ses mandements et par ses actes, —
nous avons voulu payer un juste tribut d'hom-
mages spontanés à l'enfant du peuple qui n'a
dû son élévation actuelle qu'à son travail, à ses
talents et à ses vertus; au compatriote éminent
qui vient ajouter une gloire de plus aux gloires
déjà si nombreuses de notre chère Franche-
Comté.

Au lecteur qui pourrait soupçonner cette
notice de partialité et d'exagération, nous di-
rons que son auteur est d'autant plus impar-
tial et sincère dans ses éloges, qu'il se trouve
sciemment, depuis bien longtemps déjà, et
beaucoup plus que l'abbé Bautain, dans le
cas d'être un jour convaincu d'hétérodoxie par
Monseigneur Mabile. Mais nous pensons aussi
que la vertu, la science, le talent, ne sont le
monopole d'aucune opinion, d'aucune secte,
d'aucun parti, d'aucune religion même; qu'ils
ne relèvent que de Dieu, d'eux-mêmes et de

l'humanité, et nous sommes heureux de leur rendre un franc et sympathique hommage partout où ils se rencontrent.

Auguste GUYARD.

JOURNAL DE VERSAILLES

ET DU

DÉPARTEMENT DE SEINE-ET-OISE

Administratif, judiciaire, agricole, commercial, littéraire

ANNONCES ET AVIS DIVERS

PARAISSANT

Deux fois par semaine : le Jeudi et le Dimanche

PRIX :

DE L'ABONNEMENT.	DES ANNONCES.
Pour Versailles et les Dépar- tements :	La ligne. . . . . **20** c
	réclame. . . . . **40** c.
Un an. . . . . 12 fr.	
Six mois. . . . 6 fr. 50 c.	*On ne reçoit que les*
Trois mois. . . 3 fr. 50 c.	*lettres affranchies.*

On s'abonne :

A l'imprimerie **Cerf**, *rue du Plessis, 59.*

Versailles. — imp. de Cerf